rororo sport Herausgegeben von Bernd Gottwald

Hans-Dieter Kempf
Frank Schmelcher
Christian Ziegler

Trainingsbuch Thera-Band®

Das Programm für Fitness und Gesundheit

Mit Fotos von Horst Lichte

Redaktion Katrin Helmstedt

23.–30. Tausend Dezember 1997

Originalausgabe
Veröffentlicht im Rowohlt Taschenbuch Verlag GmbH,
Reinbek bei Hamburg, Juli 1996
Copyright © 1996 by Rowohlt Taschenbuch Verlag GmbH,
Reinbek bei Hamburg
Umschlaggestaltung Peter Wippermann/Jürgen Kaffer,
Büro Hamburg
(Fotostudio Marlies Imhoff, Bad Camberg)
Thera-Band® ist ein eingetragenes Warenzeichen
Satz Apollo PostScript, QuarkXPress 3.31
Gesamtherstellung Clausen & Bosse, Leck
Printed in Germany
1490-ISBN 3 499 19452 X

Danksagungen
Danken möchten wir allen, die an diesem Buch mitgewirkt haben: Herrn Artzt für seine großzügige Unterstützung, Roland Schnepf und Uschi Preusse als Fotomodels, Fa. Reebok für die Kleidung, Katrin Thiele und Günter Wolf für die Textkorrekturen, Prof. Dr. Kurt Tiltel für seine kritische Durchsicht des Manuskriptes, Horst Lichte für seine exzellenten Fotoarbeiten sowie dem Team vom Rowohlt Verlag für die schon bewährte Kooperation.

Hans-Dieter Kempf, Frank Schmelcher, Christian Ziegler

Inhalt

Das Fitness-Studio in Hosentaschenformat 7
    Die Eigenschaften und Vorteile des Thera-Bandes 7
    Für jeden das passende Thera-Band 8
    Die richtige Pflege und Handhabung 9
    Was Sie beim Üben beachten sollten 10
    Ihr individuelles Trainingsprogramm 13

Die Übungen 15
    Training der Rumpfmuskulatur 16
    Training der Schultergürtel- und der Armmuskulatur 28
    Training der Bauchmuskulatur 52
    Training der Brustmuskulatur 60
    Training der Po- und der Beinmuskulatur 62
    Training der wirbelsäulenaufrichtenden Muskulatur 74

Partnerübungen 85
    Training der Rumpfmuskulatur 86
    Training der Schultergürtel und der Armmuskulatur 98
    Training der Bauchmuskulatur 102
    Training der Po- und Beinmuskulatur 110

Kurzprogramm Aufwärmen 114

Kurzprogramm Rumpf 116

Kurzprogramm Schulter und Arme 118

Kurzprogramm Beine 120

Kurzprogramm am Arbeitsplatz 122

Kurzprogramm Dehnung 124

Anhang 126
    Der Muskelapparat 126
    Literaturverzeichnis 128
    Die Autoren 128

Das Fitness-Studio
in Hosentaschenformat

Viele Groß- und Kleingeräte, die ursprünglich für den medizinischen Bereich entwickelt wurden, werden immer stärker auch in das sportliche Training und in die Gesundheitsförderung übernommen. So auch das Thera-Band® (System of progressive Resistance), das nunmehr seit fast zwei Jahrzehnten erfolgreich in der Rehabilitation von Muskel- und Gelenkverletzungen Verwendung findet.

Das Training mit dem Thera-Band ist eine sehr wirkungsvolle Methode zur Steigerung der Leistungsfähigkeit aller wichtigen Muskelpartien. Sie trainieren dabei nach einem einfachen, aber äußerst wirksamen Prinzip: dem Widerstand.

Mit dem Thera-Band steht Ihnen quasi die ganze Palette eines Fitness-Studios zu jeder Zeit und an jedem Ort zur Verfügung. Ein unschätzbarer Vorteil, wenn Sie wenig Zeit haben oder einfach zu Hause oder mal zwischendurch am Arbeitsplatz trainieren möchten.

Immer mehr Krankenkassen, Sportvereine, Betriebe oder Studios bieten Gruppenkurse mit dem Thera-Band an. Nutzen Sie auch diese Möglichkeit, sich individuell anleiten zu lassen und in der Gruppe mit dem Thera-Band Spaß und Freude zu haben.

Die Eigenschaften und Vorteile
des Thera-Bandes

Das Thera-Band ist ein Naturprodukt aus reinem Latex. Latexbänder zeichnen sich durch eine hohe Elastizität aus. Das Dehnungsdiagramm auf Seite 8 zeigt, daß sich über eine zunehmende Längenänderung der Widerstand des Bandes annähernd linear, d.h. gleichmäßig ansteigend verändert.

Auch wenn aufgrund dieser physikalischen Eigenschaft eine exakte Dosierung der Trainingsintensitäten nicht möglich ist – wie man sie beispielsweise mit genau definierten Gewichten erreicht –, bietet das Thera-Band eine Fülle von Vorteilen:
- Die Anschaffung ist *günstig*.

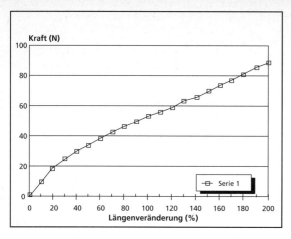

Typische Widerstandszunahme eines Latexbandes (nach Krankengymnastik 6/94, 758)

- Das *leichte und handliche* Band läßt sich mühelos überallhin transportieren und ist somit zu Hause, unterwegs und am Arbeitsplatz *vielseitig einsetzbar*.
- Bei den meisten Übungen mit dem Thera-Band benötigen Sie keinen Partner. Sie können aber auch viele der Übungen mit einem Partner durchführen.
- Das Thera-Band ist *unabhängig von Ihrem Leistungszustand oder Alter* einsetzbar, da es in verschiedenen Stärken erhältlich ist.
- Es dient zur *Vorbereitung des Organismus* auf maximale Beanspruchungsformen.
- Je nach Ausgangsstellung sind nicht nur isoliert eingelenkige Übungen möglich. Auch *mehrgelenkige Komplexbewegungen*, die höchste Anforderungen an koordinatives Bewegungsverhalten stellen, sind durchführbar.
- Die starke Spannungszunahme gegen Ende der Banddehnung machen wir uns im Sinne einer höheren Anforderung an die *muskuläre Sicherung eines Gelenks* zunutze.

Für jeden das passende Thera-Band

- Das Thera-Band ist in gutsortierten Sportartikelhäusern erhältlich.
- Die *Farbe des Thera-Bandes* kennzeichnet den Widerstand. Das Band ist in acht verschiedenen Farben von Beige (extra leicht) bis Gold (maximal schwer) erhältlich. Sie sollten die Farbe so wählen, daß Sie eine Übung ca. 15- bis 20mal wiederholen können. Die Praxis hat gezeigt, daß das grüne

(bzw. rote) Thera-Band für Frauen und das blaue (bzw. grüne) Thera-Band für Männer am besten geeignet sind. Darüber hinaus richtet sich der Widerstand auch nach der Schlingengröße (je größer die Schlinge desto kleiner der Widerstand) und danach, ob das Band einfach oder mehrlagig verwendet wird.

- Wir empfehlen Ihnen eine *Bandlänge* von 200 bis 250 cm. Damit können Sie alle Übungen gut durchführen.

		Zugkraft in kg							
	Farbe	Beige	Gelb	Rot	Grün	Blau	Schwarz	Silber	Gold
		extra leicht	leicht	mittel stark	stark	extra stark	spezial stark	super stark	max. stark
Ausgangslänge 30 cm / Gedehnte Länge in cm	50	0,69	1,02	1,58	1,94	2,83	3,39	5,46	7,34
	60	0,92	1,12	2,04	2,27	3,39	4,08	6,81	9,38
	70	1,12	1,35	2,50	2,73	4,08	4,54	7,88	11,02
	80	1,22	1,58	2,96	3,19	4,64	5,10	9,08	12,57
	90	1,35	1,.81	3,39	3,62	5,46	5,89	10,43	13,87

Durch einen einfachen Knoten läßt sich das Thera-Band zu einer Schlinge verbinden. Für eine ca. 30 cm lange Schlinge gelten die verdoppelten Werte der Tabelle.

Die richtige Pflege und Handhabung

- Versuchen Sie, Einrisse in das Band zu vermeiden. Tragen Sie deshalb beim Üben möglichst keinen scharfkantigen Schmuck (Uhr, Armband, Ring) oder Turnschuhe mit starkem Sohlenprofil (Laufschuhe). Achten Sie darauf, daß Sie das Band nicht mit Ihren Fingernägeln beschädigen. Am besten umschlingen Sie mit dem Band ihre Hände. So hält es allein durch den Zug, und Sie brauchen es nicht zusätzlich zu greifen. Für das Üben hat das wiederum den Vorteil, daß Sie die im Alltag wenig beanspruchte Hand- und Fingerstreckmuskulatur trainieren können.
- Damit das Band nicht während des Übens reißt, sollten Sie es vor dem Übungsbeginn stets auf Risse und Löchter untersuchen.

- Reinigen Sie Ihr Thera-Band regelmäßig mit klarem Wasser, und pudern Sie es nach dem Trocknen mit Talkum oder Babypuder ein. Dadurch klebt es nicht zusammen und bleibt griffig.
- Sollten Sie in einer Übung das Band als Schlinge benutzen, verknoten Sie die Enden in benötigter Länge mit einem Doppelknoten. Diesen können Sie danach einfach wieder lösen.
- Lassen Sie das Band nicht verknotet oder auf heißen Gegenständen (Ofen, Heizkörper) liegen, und vermeiden Sie dauerhafte direkte Sonneneinstrahlung. Lagern Sie das Band möglichst bei Zimmertemperatur.
- Das Thera-Band ist kein Spielgerät. Lassen Sie Kinder nur unter Aufsicht üben.

Was Sie beim Üben beachten sollten

- *Folgen Sie exakt den Übungsbeschreibungen.* Führen Sie die Übungen eventuell vor einem Spiegel durch, um die Ausführung besser kontrollieren zu können.
- Beachten Sie die Bewegungsrichtung und das Bewegungsmaß.
- In der Ausgangsstellung sollte das Band bereits *leicht vorgedehnt* sein. Dadurch erreichen Sie eine muskuläre Gelenksicherung.
- Fixieren Sie das Band je nach Übung mit Ihren Händen, unter Ihren Füßen oder an feststehenden Gegenständen.
- Achten Sie auf eine *sichere Befestigung* (Knoten, Schlingen) des Bandes. Zur Fixation des Thera-Bandes an der Tür schlagen wir Ihnen folgende Möglichkeit vor: Verknoten Sie einen Rolladengurt, eine Wäscheleine zu einer Schlinge, oder benutzen Sie den «Thera-Band Assist». Diese Bandschlinge fixieren Sie zwischen Tür und Türrahmen. Schließen Sie die Tür. Anschließend ziehen Sie das Thera-Band durch die Bandschlinge.
- Wickeln Sie das Band *breitflächig um die Körperteile,* um Abschnürungen der Haut zu vermeiden.
- Führen Sie die *Bewegungen fließend und in gleichmäßigem Tempo* durch. Lassen Sie das Band nach dem Auseinanderziehen nicht «zurückschnellen», sondern führen Sie es im gleichen Tempo in die Ausgangsstellung zurück. Vermeiden Sie ruckhafte Bewegungen. Halten Sie das Band während der Übung stets unter Spannung!
- Um Ihnen den Umgang mit diesem Buch zu erleichtern, sind die Übungen unter den jeweils *trainierten Muskeln bzw. Muskelgruppen* zusammengefaßt.
- Die *Übungsbeschreibung* ist textlich kurz und knapp verfaßt und wird

durch Fotos verdeutlicht. Die *Variationen* erlauben Ihnen, die Übung in einer anderen Ausgangsposition zu beginnen oder den Schwierigkeitsgrad der Übung durch Hebelveränderungn zu steigern. Die *ergänzenden Übungshinweise* geben Ihnen Zusatzinformationen über zu vermeidende Übungsfehler und spezielle Wirkungen der Übung. Die «*Muskelmännchen*» zeigen Ihnen die in der Übung besonders beanspruchte Muskulatur.
- Führen Sie alle Übungen *beidseitig* aus.
- Grundregeln zur Körperhaltung

Kopf: Halten Sie den Kopf gerade in Verlängerung der Wirbelsäule.
Arme: Achten Sie darauf, daß Sie die Ellbogengelenke nicht überstrecken.
Wirbelsäule: Halten Sie die Wirbelsäule möglichst «gerade», d. h. in ihrer physiologischen Schwingung.
Beine: Die Beine sind leicht nach außen gedreht und leicht gebeugt.

- Beginnen Sie Ihr Übungsprogramm *stets* mit *Aufwärmübungen*. Ein kurzes Aufwärmprogramm finden Sie auf Seite 114. Je nach Bedarf können Sie es mit eigenen Übungen noch ausdehnen. Nach dem Trainingsprogramm wirken sich *Dehnübungen* wohltuend und entspannend aus. Auch hierzu finden Sie ein Kurzprogramm auf Seite 124.
- Führen Sie alle Übungen *bewußt und kontrolliert* aus. Achten Sie nicht nur zu Beginn, sondern vor allem auch während und am Ende der Bewegung auf eine *korrekte Haltung*.
- Achten Sie immer auf die *richtige Ausgangsstellung*. Bei den meisten Übungen wird die Wirbelsäule in ihrer physiologischen Stellung stabilisiert, d. h., das Becken ist leicht gekippt, der Brustkorb gehoben, die Halswirbelsäule gestreckt und die Rumpfmuskulatur angespannt.

- Achten Sie auf eine *gerade Position Ihrer Handgelenke* (d. h. nicht abwinkeln).
- Die Übungen sollen immer mit *beiden Seiten* (rechts/links) durchgeführt werden.
- *Atmen Sie* während des Übens *gleichmäßig* – vermeiden Sie eine Preßatmung! Atmen Sie hörbar aus, zählen Sie beim Üben, oder unterhalten Sie sich mit einem(r) Partner(in).
- Falls Sie unter akuten Beschwerden, Gelenkerkrankungen oder -verletzungen leiden, suchen Sie bitte einen Arzt auf, und besprechen Sie mit ihm das weitere Vorgehen.
- Der *Schmerz ist ein Warnsignal* Ihres Körpers! Treten beim Üben Beschwerden auf, brechen Sie sofort die Übung ab. Korrigieren Sie sich vor dem Spiegel, und studieren Sie nochmals die Übung. Sollten weiterhin Schmerzen auftreten, sprechen Sie Ihren Arzt oder Physiotherapeuten daraufhin an.
- Wählen Sie die *individuell richtige Belastung*. Eine Steigerung der Intensität erreichen Sie durch eine Erhöhung der Wiederholungs- und Serienzahl, durch Übungsvariationen oder durch einen Wechsel auf das nächststärkere Band.

- Die Übung sollte innerhalb einer Übungsserie immer *korrekt* ausgeführt werden. Ansonsten ist die Serie zu beenden und für das weitere Üben die Intensität zu reduzieren. Weitere Abbruchkriterien sind Schmerzen, Kurzatmigkeit, Übelkeit, starke Ermüdung oder ein hochroter Kopf.

Ihr individuelles Trainingsprogramm

Stellen Sie sich aus den angegebenen Übungen Ihr persönliches Programm zusammen. Versuchen Sie, täglich 15 Minuten zu üben und legen Sie bestimmte Zeiten fest, an denen Sie Ihr persönliches Programm durchführen. Üben Sie zwei- bis dreimal in der Woche, dann verlängern Sie die jeweilige Übungszeit auf 30–40 Minuten.

Das Thera-Band bietet sich ideal zur *Verbesserung der allgemeinen Kraftausdauer* an. Kraftausdauer erhöht speziell die Ermüdungswiderstandsfähigkeit der Muskulatur bei länger andauernden Belastungen. Das Training der Kraftausdauer wird mit geringeren Intensitäten durchgeführt als das allgemeine Krafttraining. Dafür werden der Belastungsumfang (Wiederholungen) und die Belastungsdauer (Serien) erhöht. Im Vergleich zum Training mit Gewichten entsteht beim Kraftausdauertraining mit dem Thera-Band *keine Überforderung der passiven Gelenkstrukturen.*

- **Zum Training der allgemeinen Kraftausdauer:**
Aufgrund unserer Erfahrung bieten wir Ihnen für das Training der allgemeinen Kraftausdauer folgende Richtwerte an:
Beginnen Sie die Bewegung mit dem leicht vorgespannten Thera-Band. Führen Sie den in der Übung vorgeschlagenen Bewegungsweg aus. Eine allgemeine Dosierung der Intensität für das Training der allgemeinen Kraftausdauer erhalten Sie, indem Sie die Bewegung 15- bis 20mal wiederholen. Dies entspricht einer Serie. Versuchen Sie, drei bis sechs Serien durchzuführen. Nach jeder Serie machen Sie eine Pause von etwa 20–40 Sekunden.
Eine individuelle Dosierung der Intensität für das Training der allgemeinen Kraftausdauer erhalten Sie durch die Ermittlung Ihres aktuellen Leistungsstandes: Wiederholen Sie den in der Übung vorgeschlagenen Bewegungsweg so oft, wie eine korrekte Übungsausführung möglich ist. Die maximale Wiederholungszahl ergibt Ihren aktuellen Leistungsstand für diese Übung. Für Ihr Training nehmen Sie 60–70 % der ermittelten Zahl.
Beispiel: Schaffen Sie ohne Ausweichbewegungen 40 Wiederholungen der

Übung, so liegt Ihre Wiederholungszahl für das Training bei 24 Wiederholungen.

24 Wiederholungen entsprechen einer Serie. Nach jeder Serie machen Sie eine Pause von etwa 20–40 Sekunden. Versuchen Sie, drei bis sechs Serien durchzuführen. Auch die letzte Serie muß ohne Ausweichbewegung korrekt durchgeführt werden können. Ansonsten reduzieren Sie die Anzahl der Serien.

- **Zum Training der allgemeinen Kraft:**
  Im Gegensatz zur allgemeinen Kraftausdauer trainieren Sie nun mit höherer Intensität. Sie beginnen die Übung mit stärkerer Vorspannung des Bandes und üben nur auf den letzten 15 cm des im Bild gezeigten Bewegungsweges.

  Um die Vorspannung des Bandes zu erhöhen, haben Sie zwei Möglichkeiten:

  Wickeln Sie das Thera-Band zusätzlich zweimal um Ihre Hand, Ihren Oberschenkel, Fuß (je nach Übungsbeschreibung), oder vergrößern Sie den ursprünglichen Abstand zur Befestigung des Thera-Bandes um ein bis drei Fußlängen.

  Wiederholen Sie die Bewegung 8–12mal, was einer Serie entspricht. Nach jeder Serie machen Sie eine Pause von etwa 20–40 Sekunden. Versuchen Sie eine bis drei Serien durchzuführen.

Die Dosierungshinweise sind allgemeine Richtwerte. Falls Sie die Richtwerte nicht erreichen, lassen Sie sich nicht entmutigen. Fassen Sie diese Werte als Ziel auf, das es zu erreichen gilt. *Bitte mischen Sie das Training der allgemeinen Kraftausdauer und der allgemeinen Kraft nicht innerhalb einer Trainingseinheit.* Die Wirkungen heben sich gegenseitig auf und bringen Ihnen keinen Leistungsgewinn.

Auf der linken Seite des folgenden Übungsteils finden Sie jeweils die Übungsbeschreibung, die zusammen mit den Fotos die Übung genau erklärt.
Die ergänzenden Hinweise vertiefen das Verständnis der Übung.
Die Muskelfiguren zeigen die beanspruchte Muskulatur.

Die Übungen

Rumpfmuskulatur	16 – 27
Schultergürtel- und Armmuskulatur	28 – 51
Bauchmuskulatur	52 – 59
Brustmuskulatur	60 – 61
Po- und Beinmuskulatur	62 – 73
Wirbelsäulenaufrichtende Muskulatur	74 – 83

Rumpfmuskulatur

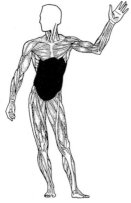

Übungsbeschreibung
1. Stellen Sie sich im Grätschstand nahe an eine Tür.
2. Ziehen Sie das Thera-Band von der Tür weg diagonal nach oben.
3. Bewegen Sie sich langsam wieder in die Ausgangsposition zurück. Schauen Sie während der Übungsausführung den Händen nach.

Ergänzende Übungshinweise
- Durch die Komplexität der Übung trainieren Sie auf anspruchsvolle Weise Ihre Bauch- und Rückenmuskulatur.
- Achten Sie darauf, daß Sie die Ellbogen stets gestreckt halten.

Die Übungen 17

Schulter- und Nackenmuskulatur und Mobilisation der Wirbelsäule

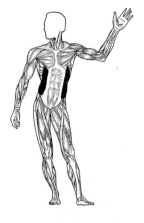

Übungsbeschreibung
1. Setzen Sie sich aufrecht auf das Thera-Band, und strecken Sie beide Arme nach oben. In dieser Position muß das Thera-Band leicht vorgespannt sein.
2. Schieben Sie im Wechsel die Arme nach oben, und versuchen Sie gleichzeitig das Gesäß auf der Gegenseite anzuheben.

Ergänzende Übungshinweise
- Mit dieser Übung kräftigen Sie Ihre Schulter- und Nackenmuskulatur und verbessern gleichzeitig die Beweglichkeit Ihrer Wirbelsäule.
- Achten Sie darauf, daß Sie die Wirbelsäule während der Übungsausführung nicht verdrehen und die Halswirbelsäule nicht überstrecken.

Die Übungen

Seitliche Rumpfmuskulatur und Oberarmstrecker

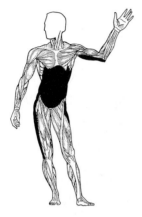

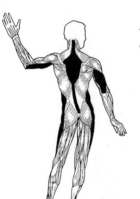

Übungsbeschreibung

1. Stützen Sie sich auf dem Unterarm ab. Der Ellbogen befindet sich unter dem Schultergelenk. Fixieren Sie mit dieser Hand das Thera-Band.
2. Heben Sie Ihr Gesäß, bis Ihr Körper vom Kopf bis zu den Knien eine Linie bildet.
3. Ziehen Sie das Thera-Band mit dem oben liegenden Arm aus der gebeugten Position in die Streckung.

Ergänzende Übungshinweise

- Zur Intensivierung führen Sie die Übung mit gestreckten Beinen durch.
- Halten Sie den Rumpf stets gerade.
- Hinweis zur Trainingsdosierung: Ziehen Sie mit dem oben liegenden Arm über einen Zeitraum von ca. 8–12 Sekunden. Danach machen Sie 10 Sekunden Pause. Das wiederholen Sie 5- bis 10mal. Führen Sie 1–2 Serien durch. Nach jeder Serie machen Sie eine Pause von 20–40 Sekunden.

Die Übungen

Rückenmuskulatur und Schultergürtel

Übungsbeschreibung
1. Leichter Grätschstand, bewegen Sie beide Arme nach hinten.

Ergänzende Übungshinweise
- Achten Sie darauf, daß Sie Ihren Rumpf stabilisieren, so vermeiden Sie ein Hohlkreuz.
- Das Bewegungsausmaß Ihrer Arme ist gering.

Die Übungen 23

Rückenmuskulatur

Übungsbeschreibung
1. Wickeln Sie das Thera-Band um einen Fuß, und greifen Sie mit den Händen jeweils ein Ende des Thera-Bandes.
2. Strecken und beugen Sie das Bein.

Ergänzende Übungshinweise
- Ausreichende Beweglichkeit der Hüfte und des Schultergürtels sind Voraussetzung für die Durchführung dieser Übung.
- Achten Sie darauf, den Arm und das Bein nur so weit anzuheben, daß sie eine Linie mit dem Körper bilden.
- Halten Sie den Kopf in Verlängerung der Wirbelsäule.

Variation
- Sobald Sie sich in der Ausgangsstellung sicher fühlen, strecken Sie zusätzlich den zum ausgestreckten Bein gegengleichen Arm nach vorne.

Rumpfstabilisatoren und Beinmuskulatur

Übungsbeschreibung
1. Stehen Sie in korrekter Bückposition auf den Enden Ihres Thera-Bandes.
2. Kommen Sie aus der Bückposition in den Stand.

Ergänzende Übungshinweise
- Achten Sie vor allem am Ende der Übung auf eine ausreichende Rumpfspannung, dadurch vermeiden Sie eine Hohlkreuzstellung.
- Die Streckung der Beine und die Aufrichtung des Rumpfes aus den Hüftgelenken sollen gleichzeitig erfolgen.

Die Übungen

Schultergürtelmuskulatur

Übungsbeschreibung
1. Stehen Sie im Grätschstand mit leicht gebeugten Beinen.
2. Strecken Sie den linken Arm seitlich von sich weg, den Ellbogen halten Sie leicht gebeugt.
3. Bewegen Sie den rechten Ellbogen in Schulterhöhe langsam nach hinten und wieder nach vorne.

Ergänzende Übungshinweise
- Achten Sie darauf, daß beide Schultern unten bleiben.

Die Übungen

Schultergürtelmuskulatur

Übungsbeschreibung
1. Stellen Sie sich in Schrittstellung, das rechte Bein steht vorne.
2. Drücken Sie Ihre rechte Hand gegen Ihre rechte Gesäßhälfte.
3. Bewegen Sie Ihre linke Hand diagonal von rechts unten nach links oben.

Ergänzende Übungshinweise
- Schauen Sie der Bewegung Ihres linken Armes nach.
- Über die außenrotatorisch wirkenden Muskeln der linken Schulter stabilisieren Sie das Schultergelenk.
- Drehen Sie während der Bewegung Ihre Hand nach außen.

Die Übungen

Schultergürtelmuskulatur

Übungsbeschreibung
1. Stehen Sie in Schrittstellung, der aufgerichtete Oberkörper ist leicht nach vorne gebeugt, und Ihre Wirbelsäule ist stabilisiert. Fixieren Sie das Thera-Band mit dem vorderen Fuß.
2. Führen Sie die gebeugten Arme nach oben in die U-Halte. Die Ellbogen sollen eine Linie mit dem Schultergürtel bilden (nicht hinter den Körper führen).

Ergänzende Übungshinweise
- Diese Übung eignet sich besonders zur Aufrichtung und Stabilisierung der Brustwirbelsäule.
- Über die außenrotatorisch wirkenden Muskeln der Schulter stabilisieren Sie das Schultergelenk.
- Halten Sie den Kopf in Verlängerung der Wirbelsäule.
- Achten Sie darauf, daß die Schultern unten bleiben.

Die Übungen

Schultergürtelmuskulatur

Übungsbeschreibung
1. Halten Sie im Parallelstand Ihre Beine leicht gebeugt, und neigen Sie den Oberkörper etwas nach vorne.
2. Führen Sie Ihre Ellbogen nach hinten oben.

Ergänzende Übungshinweise
- Diese Übung eignet sich besonders zur Aufrichtung und Stabilisierung der Brustwirbelsäule.
- Achten Sie darauf, daß die Wirbelsäule bei der Übungsausführung ruhig bleibt.

Die Übungen

Schultergürtelmuskulatur

Übungsbeschreibung
1. Stehen Sie in Schrittstellung. Beugen Sie Ihren Oberkörper leicht nach vorne, und stabilisieren Sie Ihre Wirbelsäule. Umfassen Sie das Thera-Band auf Kopfhöhe.
2. Führen Sie die gestreckten Arme seitlich neben den Körper. In der Endstellung zeigen die Daumen vom Körper weg.

Ergänzende Übungshinweise
- Diese Übung eignet sich besonders zur Aufrichtung und Stabilisierung der Brustwirbelsäule.
- Über die außenrotatorisch wirkenden Muskeln der Schulter stabilisieren Sie das Schultergelenk.
- Achten Sie darauf, daß die Arme in der Endposition nach außen gedreht sind (Daumen zeigen nach außen).

Die Übungen

Auswärtsdreher des Schultergelenks

Übungsbeschreibung
1. Halten Sie das leicht vorgespannte Thera-Band zwischen Ihren Händen.
2. Ziehen Sie das Thera-Band etwas auseinander.

Ergänzende Übungshinweise
- Behalten Sie während der gesamten Übung die aufrechte Position der Brustwirbelsäule bei.
- Während der Übung bleiben die Ellbogen an derselben Stelle aufgestützt und drücken in die Unterlage.
- Zum allgemeinen Ausdauertraining stellen Sie die Ellbogen weiter auseinander.
- Zur allgemeinen Kräftigung stellen Sie die Ellbogen schulterbreit auseinander, dadurch ist das Thera-Band stärker vorgedehnt.

Variation
- Heben Sie während der Übung beide Beine vom Boden ab. Dadurch haben Sie einen zusätzlichen Reiz für Ihre Bauchmuskulatur.

Aus- und Einwärtsdreher der Schulter

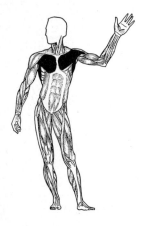

Übungsbeschreibung
1. Stützen Sie den Ellbogen auf Ihren Oberschenkel.
2. Ziehen Sie das vorgespannte Thera-Band nach außen (Auswärtsdreher).
Oder:
3. Ziehen Sie mit der anderen Hand das Thera-Band nach innen (Einwärtsdreher).

Ergänzender Übungshinweis
- Während der Übung bleibt der Ellbogen an derselben Stelle aufgestützt.

Die Übungen

Ellbogenstreckmuskulatur und Schulterstabilisatoren

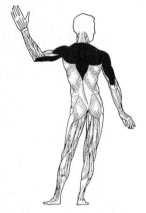

Übungsbeschreibung
1. Halten Sie den linken Arm vor Ihrem Körper, die Hand ist geöffnet, der Daumen schaut nach oben.
2. Strecken und beugen Sie den rechten Arm.

Ergänzende Übungshinweise
- Diese Übung dient einerseits zur Kräftigung des rechten Armstreckers, andererseits zur Kräftigung der außenrotatorisch wirkenden Muskeln im linken Arm.
- Fixieren Sie Ihren Ellbogen am Körper.
- Achten Sie darauf, daß Sie beide Schultern während der gesamten Ausführung unten halten.

Ellbogenstreckmuskulatur und Schulterblattstabilisatoren

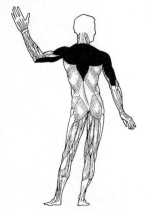

Übungsbeschreibung
1. Drücken Sie Ihre linke Hand mit der Außenfläche gegen Ihre linke Gesäßhälfte.
2. Strecken Sie Ihren rechten Arm nach oben.

Ergänzender Übungshinweis
- Stabilisieren Sie Ihre Schultergelenke, und führen Sie die Übung nur mit den Unterarmen aus.

Variation
- Halten Sie Ihren linken Arm gebeugt hinter Ihrem Rücken. Strecken Sie nun beide Arme gleichzeitig.

Ellbogenbeugemuskulatur

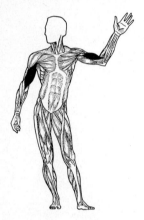

Übungsbeschreibung
1. Drücken Sie die rechte Hand mit der Außenseite gegen Ihre linke Gesäßhälfte.
2. Beugen Sie den linken Unterarm im Ellbogengelenk.

Ergänzende Übungshinweise
- Halten Sie während der Übungsausführung Ihren Rumpf stabil.
- Während der Beugebewegung bleibt der Ellbogen am Rumpf fixiert.

Variation
- Wickeln Sie das Thera-Band über die Handinnenfläche um Ihre Hand, und drehen Sie während der Beugebewegung Ihren Unterarm nach außen.

Die Übungen

Handgelenkstreckmuskulatur

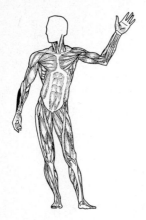

Übungsbeschreibung
1. Ziehen Sie im Sitzen das Band über Ihre rechte Hand.
2. Bewegen Sie Ihr Handgelenk gegen den Widerstand des Thera-Bandes nach oben.

Ergänzender Übungshinweis
- Um die Übung zu intensivieren, spreizen Sie im Thera-Band die Finger. Sie spüren dadurch eine Intensivierung der Fingerstreck- und -spreizmuskulatur.

Die Übungen

Kopfdreher

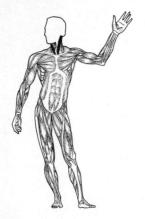

Übungsbeschreibung
1. Umwickeln Sie Ihren Kopf mit dem Thera-Band. Halten Sie die Enden des Bandes auf Stirnhöhe fest.
2. Verstärken Sie den Zug mit der linken Hand, drehen Sie gleichzeitig den Kopf zur Mitte, und schauen Sie mit den Augen nach rechts.
3. Führen Sie die Bewegung mehrmals in die eine Richtung aus, bevor Sie zur anderen Seite wechseln.

Ergänzende Übungshinweise
- Es muß bei Übungen der Halswirbelsäule darauf hingewiesen werden, daß bei auftretendem Schwindel oder Übelkeit die Übung abzubrechen ist und Sie Ihren Arzt konsultieren sollten.
- Sollte Ihnen der direkte Kontakt mit dem Thera-Band unangenehm sein, legen Sie ein Taschentuch dazwischen.
- Die große Beweglichkeit der Halswirbelsäule erfordert eine ausreichende Stabilisationfähigkeit. Die Häufigkeit der Störungen in diesem Körperabschnitt deutet auf die Wichtigkeit dieser Übungen hin.
- Achten Sie darauf, daß Sie den Kopf in Verlängerung der Wirbelsäule halten und die Lendenwirbelsäule ausreichend stabilisieren.
- Achten Sie während der Drehbewegung darauf, den Kopf gerade zu halten.

Die Übungen

Bauchmuskulatur

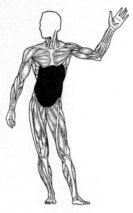

Übungsbeschreibung

1. Halten Sie das Thera-Band im Stand mit beiden Händen oberhalb Ihres Kopfes.
2. Bewegen Sie sich mit dem ganzen Oberkörper aus der aufrechten Position leicht nach vorne und langsam wieder zurück.

Ergänzende Übungshinweise

- Bei dieser Übung kräftigen Sie die Bauchmuskulatur in ihrer alltäglichen Funktion.
- Achten Sie darauf, daß die Wirbelsäule während der Bewegung aufgerichtet bleibt.
- Oberkörper und Arme bewegen sich gleichzeitig nach vorne bzw. nach hinten.

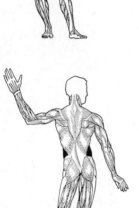

Die Übungen

Bauchmuskulatur

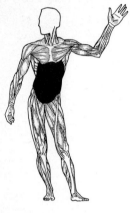

Übungsbeschreibung
1. Legen Sie Ihr Thera-Band flächig um Ihre Knie.
2. Drücken Sie Ihre Handrücken in die Unterlage.
3. Bewegen Sie Ihre Knie Richtung Decke.

Ergänzende Übungshinweise
- Diese Übung beansprucht den unteren Anteil der Bauchmuskulatur.
- Zur Stabilisierung Ihres Kopfes machen Sie während der Übungsausführung ein sog. Doppelkinn.
- Bewegen Sie Ihre Knie Richtung Decke, nicht Richtung Kopf.
- Es handelt sich hierbei um eine sehr anspruchsvolle Übung für trainierte Personen.

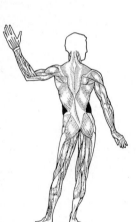

Variation
- Heben Sie Ihr Becken von der Unterlage ab, und bewegen Sie die Unterschenkel abwechselnd nach rechts und links.

Die Übungen

Bauchmuskulatur

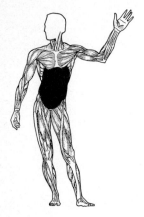

Übungsbeschreibung
1. Setzen Sie sich im aufrechten Grätschsitz parallel zu einer Tür.
2. Ziehen Sie das Thera-Band mit gestreckten Armen vor Ihrem Körper vorbei. Die Knie zeigen den Bewegungsumfang an. Schauen Sie während der Übungsausführung den Händen nach. Die aufrechte Sitzposition wird während der Übung nicht verändert.
3. Bewegen Sie sich mit der gleichen Aufmerksamkeit in die Ausgangsstellung zurück.

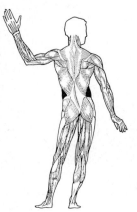

Ergänzende Übungshinweise
- Durch kurzes Halten in der Endposition und langsames Zurückführen in die Ausgangsposition kann die Trainingsintensität gesteigert werden.
- Kurze Bewegungsausschläge in der Endposition führen zu einer zusätzlichen Stabilisierung.
- Diese Übung können Sie auch im Stand oder Kniestand durchführen.
- Achten Sie darauf, daß der Oberkörper nur im angegebenen Bewegungsumfang gedreht wird.

Die Übungen

Bauchmuskulatur

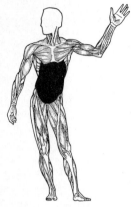

Übungsbeschreibung
1. Setzen Sie sich im aufrechten Grätschsitz parallel zu einer Tür.
2. Ziehen Sie das Thera-Band bis zu Ihren Knien.
2. Schauen Sie während der Übungsausführung Ihren Händen nach.
4. Bewegen Sie sich wieder langsam in die Ausgangsposition zurück.

Ergänzende Übungshinweise
- Durch kurzes Halten in der Endposition und langsames Zurückführen in die Ausgangsposition kann die Trainingsintensität gesteigert werden.
- Kurze Bewegungsausschläge in der Endposition führen zu einer zusätzlichen Stabilisierung.
- Achten Sie darauf, daß der Oberkörper nur im angegebenen Bewegungsumfang bewegt wird.

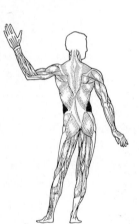

Die Übungen

Brustmuskulatur

Übungsbeschreibung
1. Stehen Sie mit dem Rücken zur Tür. Ziehen Sie das Thera-Band bis in Schulterbreite nach vorne, und gehen Sie gleichzeitig einen Schritt nach vorne.

Ergänzende Übungshinweise
- Spannen Sie Ihre Schulterblätter leicht nach hinten unten an.
- Halten Sie die Ellbogen von Beginn an leicht gebeugt.

Die Übungen

Gesäßmuskulatur

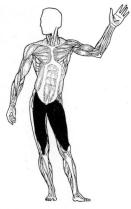

Übungsbeschreibung
1. Stellen Sie in Rückenlage beide Beine an.
2. Ziehen Sie ein Bein heran, und legen Sie das Thera-Band über das Knie.
3. Legen Sie die Arme mit dem Handrücken nach unten neben den Körper. Heben Sie Ihr Becken, bis Oberkörper und Oberschenkel eine Linie bilden.
4. Heben und senken Sie das Becken in kleinen Bewegungsausschlägen.

Ergänzende Übungshinweise
- Achten Sie darauf, daß Sie die gerade Körperlinie erreichen, ohne die Wirbelsäule zu überstrecken.
- Beugen Sie Ihr Knie nicht zu weit, um ein Abrutschen des Thera-Bands zu vermeiden.

Gesäßmuskulatur

Übungsbeschreibung
1. Legen Sie das Thera-Band um einen Fuß, und stützen Sie sich auf Ihre Unterarme.
2. Führen Sie das Bein nach oben, ohne daß sich die Winkelstellung des Kniegelenkes verändert. Heben Sie das Bein nur hüfthoch an.
3. Heben und senken Sie das Bein in kleinen Bewegungsausschlägen.

Ergänzende Übungshinweise
- Achten Sie darauf, daß Sie das Bein nur bis Hüfthöhe anheben, damit Sie die Wirbelsäule nicht verdrehen.
- Halten Sie genügend Vorspannung in der Bauchmuskulatur, um ein Durchhängen der Wirbelsäule zu vermeiden.

Die Übungen

Hüftstabilisatoren

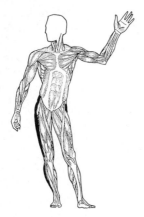

Übungsbeschreibung

1. Knoten Sie das Thera-Band zu einer kleinen Schlaufe, und steigen Sie mit beiden Füßen in diese Schlaufe.
2. Legen Sie sich auf die rechte Seite, beide Beine sind gestreckt.
3. Drücken Sie die Außenseite des rechten Ellbogens in die Unterlage, die linke Hand stellen Sie vor Ihrem Körper ab.
4. Heben und senken Sie Ihr linkes Bein, ohne daß Sie das Becken mitbewegen.

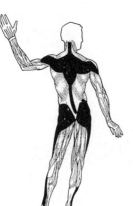

Ergänzende Übungshinweise

- Halten Sie den Rumpf während der gesamten Bewegungsausführung stabil.
- Der Druck des rechten Ellbogens in die Unterlage erleichtert Ihnen das Beibehalten der Ausgangslage.
- Bei Problemen mit den Knien können Sie das Thera-Band auch oberhalb der Knie anlegen.

Variation
- Zur Intensivierung der Übung beugen Sie die Knie in der Ausgangsstellung leicht an und heben dann Ihr linkes Bein. Achten Sie darauf, daß die Kniescheiben weiterhin nach vorn schauen.

Beinmuskulatur zur Erhaltung der Gleichgewichtsfunktion

Übungsbeschreibung

1. Sie stehen frontal zur Tür und bewegen das linke Bein in kleinen Bewegungsausschlägen nach hinten.

Ergänzende Übungshinweise

- Das Standbein ist im Kniegelenk gebeugt.
- Neben dem Training der Beinmuskulatur schulen Sie die Tiefensensibilität der Beine.

Variationen

- Sie stehen seitlich zur Tür und bewegen das linke Bein zur Seite.
- Sie stehen mit dem Rücken zur Tür und bewegen das rechte Bein nach vorne.
- Wechseln Sie das Bein, stellen Sie sich seitlich zur Tür, und bewegen Sie Ihr rechtes Bein über Ihr linkes Bein.

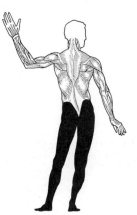

Die Übungen

Beinmuskulatur

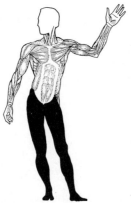

Übungsbeschreibung

1. Fixieren Sie das Thera-Band in Hüfthöhe zwischen Tür und Türrahmen oder lassen Sie die Enden des Bandes von einem(r) Partner(in) festhalten. Legen Sie das Thera-Band um Ihre Hüfte.
2. Laufen Sie gegen den Widerstand des Bandes nach vorne und nach hinten.
3. Laufen (sprinten) Sie bei stark gedehntem Band auf der Stelle.
4. Laufen Sie rückwärts gegen das Band.
5. Laufen Sie seitlich gegen den Widerstand des Bands.
6. Drehen Sie sich in dem Thera-Band, und laufen Sie in verschiedene Richtungen.

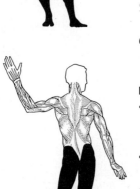

Ergänzende Übungshinweise

- Führen Sie diese Übung *entweder* im Laufen *oder* im Hüpfen aus. Kombinieren Sie nicht die beiden Varianten.
- Achten Sie auf eine aufrechte Körperhaltung.
- Achten Sie auf eine koordinierte Abstimmung Ihrer Arm- und Beinbewegung.
- Vermeiden Sie übermäßige Ermüdung, d. h., wenn Ihre Hüpffrequenz merklich nachläßt, beenden Sie die Übung.
- Achten Sie bei der Stellung Ihrer Beine darauf, daß die Kniescheiben in Richtung Zehen zeigen.

Variationen

- Hüpfen Sie auf einem Bein gegen den Widerstand des Bandes auf der Stelle. Wechseln Sie nach jeweils ca. 15 Sek. auf das andere Bein.
- Hüpfen Sie rücklings gegen den Widerstand des Bandes auf der Stelle.
- Hüpfen Sie seitlich gegen den Widerstand des Bandes auf der Stelle.
- Hüpfen Sie seitlich gegen den Widerstand des Bandes von einem Bein auf das andere Bein.

Die Übungen

Beinmuskulatur

Übungsbeschreibung
1. Stellen Sie sich mit einem Fuß auf das Thera-Band bzw. in die Schlaufe.
2. Ziehen Sie die Enden des Bandes zur Hüfte hoch.
3. Hüpfen Sie auf der Stelle. Halten Sie dabei das Band unter Spannung.

Ergänzende Übungshinweise
- Wechseln Sie nach 15 Sekunden auf das andere Bein.
- Vermeiden Sie übermäßige Ermüdung.
- Achten Sie bei der Stellung Ihrer Beine darauf, daß die Knie nach vorn zeigen.

Aufrichtemuskulatur des Körpers

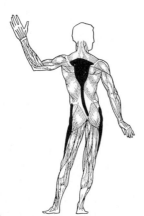

Übungsbeschreibung
1. Stellen Sie sich mit den Fersen auf das Thera-Band.
2. Greifen Sie das Thera-Band über Kreuz, und legen Sie es über Ihre Oberschenkel.
3. Bewegen Sie Ihre gebeugten Arme von der Mitte nach oben außen.

Ergänzende Übungshinweise
- Drücken Sie während der gesamten Übung die Außenseite des Oberschenkels gegen das Thera-Band.
- Durch die gleichzeitige Spannung von Rumpf, Armen und Beinen kommt es zu einem komplexen Training der Aufrichtemuskulatur.
- Die Spannung der Beine gegen das Band schult das Einhalten der funktionellen Beinachse.
- Halten Sie am Ende des Bewegungswegs die Schulterblätter unten.

Die Übungen

Aufrichtemuskulatur der Brustwirbelsäule

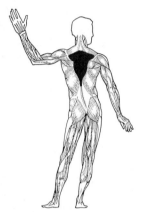

Übungsbeschreibung
1. Setzen Sie sich auf die beiden Enden des Thera-Bandes. Legen Sie das Thera-Band über Kreuz auf beide Ellbogen.
2. Beugen und strecken Sie Ihre Brustwirbelsäule. Bei der Streckung (Aufrichtung) der Brustwirbelsäule zeigen die Ellbogen nach vorne.

Ergänzende Übungshinweise
- Verschränken Sie Ihre Hände im Nacken, ohne Zug an der Halswirbelsäule auszuüben.
- Mit dieser Übung trainieren Sie die Aufrichtemuskulatur Ihrer Brustwirbelsäule und verbessern gleichzeitig die Beweglichkeit in diesem Bereich.

Aufrichtemuskulatur und schräge Bauchmuskulatur

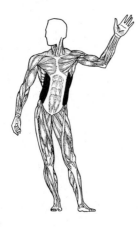

Übungsbeschreibung

1. Bewegen Sie beide Ellbogen während der Aufrichtung nach rechts bzw. nach links.

Ergänzende Übungshinweise

- Verschränken Sie Ihre Hände im Nacken, ohne Zug an der Halswirbelsäule auszuüben.
- Mit dieser Übung trainieren Sie die Aufrichtemuskulatur und die schräge Bauchmuskulatur. Gleichzeitig verbessern Sie die Beweglichkeit der Brustwirbelsäule.

Variation
- Drehen Sie in der aufrechten Position Ihren Oberkörper nach rechts und nach links.

Die Übungen

Rumpfaufrichtemuskulatur

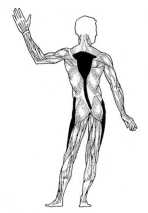

Übungsbeschreibung
1. Wickeln Sie Ihr Thera-Band mehrmals um die Oberschenkel.
2. Drücken Sie Ihre Knie gegen den Widerstand des Thera-Bandes auseinander.
3. Bewegen Sie Ihre Arme nach oben außen.

Ergänzende Übungshinweise
- Achten Sie darauf, daß die Knie während der Übung direkt über den Füßen stehen.
- Ziehen Sie Ihre Schultern nach unten, wenn die Arme nach oben geführt werden.

Die Übungen

Ganzkörperkräftigung mit Betonung der Aufrichtemuskulatur

Übungsbeschreibung
1. Halten Sie das leicht vorgespannte Thera-Band in beiden Händen. Spannen Sie Ihre Rumpfmuskulatur an, und lassen Sie Ihren Rücken gerade.
2. Heben Sie Ihre Knie einen Zentimeter vom Boden ab, und ziehen Sie das Thera-Band leicht auseinander.

Ergänzende Übungshinweise
- Halten Sie den Kopf in Verlängerung der Wirbelsäule.
- Bei dieser Übung müssen Sie den gesamten Körper stabilisieren, wodurch Sie eine Erhöhung der muskulären Spannungslage erreichen.
- Intensivieren Sie die Übung, indem Sie den Abstand zwischen den Unterarmen und den Knien vergrößern. Voraussetzung ist in jedem Fall eine ausreichende Bauchspannung und Rumpfstabilisation.
- Hinweis zur Trainingsdosierung: Halten Sie die Spannung über einen Zeitraum von 8–12 Sekunden. Danach machen Sie 10 Sekunden Pause. Das wiederholen Sie 5–10mal. Führen Sie 1–3 Serien durch. Nach jeder Serie machen Sie eine Pause von 20–40 Sekunden.

Die Partnerübungen

Rumpfmuskulatur	86 – 97
Schultergürtel- und Armmuskulatur	98 – 101
Bauchmuskulatur	102 – 109
Po- und Beinmuskulatur	110 – 113

Rumpf- und Schultergürtelmuskulatur

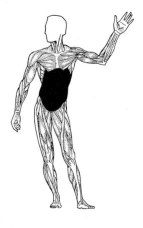

Übungsbeschreibung
1. Drücken Sie Ihre linke Hand gegen die linke Hand Ihres Partners.
2. Ziehen Sie das Thera-Band mit dem anderen gebeugten Arm nach hinten.

Ergänzende Übungshinweise
- Stabilisieren Sie Ihren Körper während der Übung.
- Der Ellbogen des ziehenden Armes ist auf Schulterhöhe.
- Halten Sie den Druck der Hände gegeneinander konstant.

Die Partnerübungen

Rückenmuskulatur

Übungsbeschreibung
1. Ziehen Sie beide Arme aus der gestreckten Position in die U-Halte. Führen Sie dabei Ihre Schulterblätter bewußt nach hinten unten.

Ergänzende Übungshinweise
- Bei dieser Übung kräftigen Sie Ihre Rückenmuskulatur, besonders den Bereich zwischen den Schulterblättern.
- Achten Sie darauf, daß Sie den Kopf in Verlängerung der Wirbelsäule halten.

Die Partnerübungen

Seitliche Rumpfmuskulatur

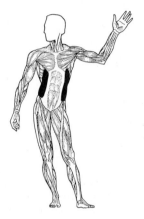

Übungsbeschreibung
1. Neigen Sie gleichzeitig den Oberkörper zur Seite.

Ergänzende Übungshinweise
- Halten Sie das Becken stabil.
- Ihre Arme bleiben während der Übungsausführung in Verlängerung Ihres Körpers.

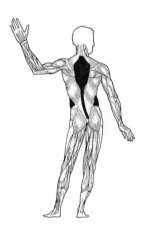

Die Partnerübungen

Rücken- und Schultergürtelmuskulatur

Übungsbeschreibung
1. Führen Sie gleichzeitig das Thera-Band mit einem Arm nach hinten.
2. Drücken Sie die Außenflächen der anderen Hand gegen Ihr Gesäß.

Ergänzende Übungshinweise
- Drehen Sie während der Bewegung den Arm nach außen.
- Halten Sie während der Übungsausführung Ihren Rumpf stabil.

Die Partnerübungen

Rücken- und Schultergürtelmuskulatur

Übungsbeschreibung
1. Ziehen Sie gleichzeitig beide Arme aus der gestreckten Position in die U-Halte.

Ergänzende Übungshinweise
- Halten Sie den Kopf in Verlängerung Ihrer Wirbelsäule.
- Führen Sie Ihre Ellbogen parallel zur Unterlage.
- Unterlagern Sie Ihren Bauch mit einem Lendenkissen.
- Drücken Sie das Gesäß fest zusammen.

Die Partnerübungen

Rücken- und Schultergürtelmuskulatur

Übungsbeschreibung
1. Ziehen Sie gleichzeitig die gestreckten Arme leicht nach hinten.

Ergänzende Übungshinweise
- Achten Sie auf eine ausreichende Rumpfstabilisation, um ein Hohlkreuz zu vermeiden.
- Das Bewegungsausmaß Ihres Rumpfes ist gering.

Die Partnerübungen

Schultergürtelmuskulatur

Übungsbeschreibung
1. Führen Sie den gebeugten Arm in die U-Halte.
2. Ihr Partner führt gleichzeitig den gestreckten Arm seitlich neben den Körper. In der Endstellung zeigt der Daumen vom Körper weg.

Ergänzende Übungshinweise
- Drücken Sie mit der Außenfläche der freien Hand gegen Ihr Gesäß.

Die Partnerübungen

Schultergürtelmuskulatur und Unterarmstrecker

Übungsbeschreibung
1. Gehen Sie in den Grätschstand, und fixieren Sie das Thera-Band oberhalb Ihres Kopfes.
2. Strecken und beugen Sie Ihre Arme.

Ergänzende Übungshinweise
- Ziehen Sie Ihre Schulterblätter während der gesamten Übung Richtung Wirbelsäule.

Die Partnerübungen

Bauchmuskulatur

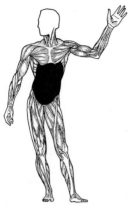

Übungsbeschreibung
1. Umfassen Sie das Thera-Band mit beiden Händen.
2. Bewegen Sie den Oberkörper gleichzeitig leicht nach vorne und wieder zurück.

Ergänzende Übungshinweise
- Durch die geringe Rundung der Wirbelsäule trainieren Sie die Bauchmuskulatur in einer Art, die ihrer normalen Funktion im Alltag entspricht.
- Achten Sie darauf, die Arme und die Schultern während der Übungsausführung zu stabilisieren.

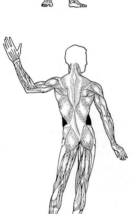

Die Partnerübungen

Bauchmuskulatur

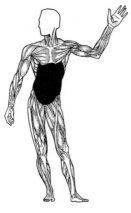

Übungsbeschreibung

1. Stemmen Sie die Fersen leicht in den Boden.
2. Ziehen Sie das Thera-Band gleichzeitig nach vorne, und halten Sie es dort für einige Sekunden. Führen Sie das Band anschließend langsam wieder zurück.

Ergänzende Übungshinweise

- Halten Sie den Kopf in Verlängerung der Wirbelsäule.
- Ziehen Sie während der Übung Ihre Schulterblätter Richtung Wirbelsäule.
- Zur Intensivierung der Übung können Sie während des Nach-vorne-Führens der Arme die Schulterblätter leicht anheben.
- Unterstützen Sie Ihre Lendenwirbelsäule mit einem Lendenkissen.

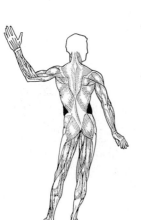

Bauchmuskulatur

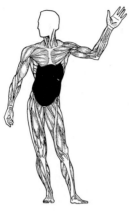

Übungsbeschreibung
1. Stabilisieren Sie Ihre Wirbelsäule.
2. Ziehen Sie das Thera-Band gleichzeitig nach außen.
3. Bewegen Sie sich langsam in die Ausgangsstellung zurück.

Ergänzende Übungshinweise
- Achten Sie darauf, daß Sie die Übung nur durch die Arme und den Oberkörper ausführen. Das Becken und die Beine bleiben während der Übungsausführung stabil.
- Kurze Bewegungsausschläge in der Endposition führen zu einer zusätzlichen Stabilisierung.

Die Partnerübungen

Bauchmuskulatur

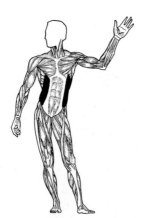

Übungsbeschreibung
1. Drücken Sie die Handrücken in die Unterlage.
2. Drehen Sie die Unterschenkel nach außen.

Ergänzende Übungshinweise
- Lassen Sie das Becken auf der Unterlage liegen.
- Zur Intensivierung können Sie die Schultern und den Kopf leicht anheben.

Die Partnerübungen

Beinmuskulatur zur Erhaltung der Gleichgewichtsfunktion

Übungsbeschreibung
1. Stellen Sie sich mit leicht gebeugten Beinen gegenüber, und ziehen Sie ein Bein nach hinten.
2. Stellen Sie sich nebeneinander, und führen Sie das äußere Bein zur Seite.
3. Stellen Sie sich mit dem Rücken zueinander, und ziehen Sie ein Bein nach vorne.
4. Stellen Sie sich seitlich nebeneinander, und führen Sie jetzt das innere Bein nach außen.

Ergänzende Übungshinweise
- Überprüfen Sie gegenseitig die richtige Stellung des Standbeines. Das Kniegelenk soll über dem Fußgelenk stehen.
- Das Standbein soll während der gesamten Übung leicht gebeugt sein.

Die Partnerübungen 111

Beinmuskulatur

Übungsbeschreibung
1. Halten Sie sich am Band fest, und gehen Sie in die Hocke.
2. Hüpfen Sie gegen den Widerstand des Bandes (Skihüpfer).

Ergänzende Übungshinweise
- Achten Sie bei den Sprüngen darauf, daß Sie den Oberkörper stabilisieren.
- Beugen Sie die Beine höchstens 90 Grad.
- Sie können diese Übung auch ohne Partner ausführen.

Die Partnerübungen

Kurzprogramm Aufwärmen

Laufen und mit den Armen nach vorne boxen

Wiederholungen	Serie	Pause
30 Sek.	2 x	15 Sek.

Beine beugen und strecken und dabei Arme diagonal schwingen

Wiederholungen	Serie	Pause
30 Sek.	2 x	15 Sek.

Kniebeuge und Arme seitlich hoch führen

Wiederholungen	Serie	Pause
20 Sek.	2 x	15 Sek.

Laufen gegen den Widerstand des Bandes

Wiederholungen	Serie	Pause
30 Sek.	2 x	15 Sek.

Sprinten auf der Stelle bei stark gedehntem Band

Wiederholungen	Serie	Pause
15 Sek.	2 x	15 Sek.

Laufen oder hüpfen Sie in verschiedene Richtungen

Wiederholungen	Serie	Pause
30 Sek.	2 x	15 Sek.

Kurzprogramm Rumpf

Aufrichtemuskulatur der Brustwirbelsäule
(siehe auch S. 76)

Wiederholungen	Serie	Pause
15 Sek.	2 x	20 Sek.

(schräge) Bauchmuskulatur
(siehe auch S. 56)

Wiederholungen	Serie	Pause
15 Sek.	2 x	20 Sek.

Rumpfmuskulatur
(siehe auch S. 16)

Wiederholungen	Serie	Pause
15 Sek.	2 x	20 Sek.

Seitliche Rumpfmuskulatur und Oberarmstrecker
(siehe auch S. 20)

Wiederholungen	Serie	Pause
10 Sek.	2 x	20 Sek.

Bauchmuskulatur
(siehe auch S. 52)

Wiederholungen	Serie	Pause
15 Sek.	2 x	20 Sek.

Rückenmuskulatur und Schultergürtel
(siehe auch S. 22)

Wiederholungen	Serie	Pause
15 Sek.	2 x	20 Sek.

Kurzprogramm Rumpf

Kurzprogramm Schulter und Arme

Schultergürtelmuskulatur
(siehe auch S. 36)

Wiederholungen	Serie	Pause
15 Sek.	2 x	20 Sek.

Ellbogenstreckmuskulatur und Schulterblattstabilisatoren
(siehe auch S. 44)

Wiederholungen	Serie	Pause
15 Sek.	2 x	20 Sek.

Handgelenksstreckmuskulatur
(siehe auch S. 48)

Wiederholungen	Serie	Pause
15 Sek.	2 x	20 Sek.

Ellbogenbeugemuskulatur
(siehe auch S. 46)

Wiederholungen	Serie	Pause
15 Sek.	2 x	20 Sek.

Schultergürtelmuskulatur
(siehe auch S. 28)

Wiederholungen	Serie	Pause
15 Sek.	2 x	20 Sek.

Schultergürtelmuskulatur
(siehe auch S. 30)

Wiederholungen	Serie	Pause
15 Sek.	2 x	20 Sek.

Kurzprogramm Beine

Gesäßmuskulatur
(siehe auch S. 62)

Wiederholungen	Serie	Pause
15 Sek.	2 x	20 Sek.

Beinmuskulatur
(siehe auch S. 72)

Wiederholungen	Serie	Pause
15 Sek.	2 x	20 Sek.

Gesäßmuskulatur
(siehe auch S. 64)

Wiederholungen	Serie	Pause
15 Sek.	2 x	20 Sek.

Rumpfstabilisatoren und Beinmuskulatur
(siehe auch S. 26)

Wiederholungen	Serie	Pause
15 Sek.	2 x	20 Sek.

Beinmuskulatur zur Erhaltung der Gleichgewichtsfunktion
(siehe auch S. 68)

Wiederholungen	Serie	Pause
15 Sek.	2 x	20 Sek.

Hüftstabilisatoren
(siehe auch S. 66)

Wiederholungen	Serie	Pause
15 Sek.	2 x	20 Sek.

Kurzprogramm am Arbeitsplatz

Schulter- und Nackenmuskulatur und Mobilisation der Wirbelsäule
(siehe auch S. 18)

Wiederholungen	Serie	Pause
15 Sek.	2 x	20 Sek.

Handgelenkstreckmuskulatur
(siehe auch S. 48)

Wiederholungen	Serie	Pause
15 Sek.	2 x	20 Sek.

Aufrichtemuskulatur des Körpers
(siehe auch S. 74)

Wiederholungen	Serie	Pause
15 Sek.	2 x	20 Sek.

Aufrichtemuskulatur der Brustwirbelsäule
(siehe auch S. 76)

Wiederholungen	Serie	Pause
15 Sek.	2 x	20 Sek.

Bauchmuskulatur
(siehe auch S. 56)

Wiederholungen	Serie	Pause
15 Sek.	2 x	20 Sek.

Auswärtsdreher des Schultergelenks
(siehe auch S. 38)

Wiederholungen	Serie	Pause
15 Sek.	2 x	20 Sek.

Kurzprogramm Dehnung

Hintere Oberschenkelmuskulatur
Bein strecken und Brustbein Richtung Fuß schieben

    Haltezeit   20–30 Sek.

Hüftbeugemuskulatur
Hüfte nach vorne unten schieben

    Haltezeit   20–30 Sek.

Vordere Oberschenkelmuskulatur
Fuß zum Gesäß heranziehen

    Haltezeit   20–30 Sek.

Brustmuskulatur
Oberkörper in den Raum hineindrehen
Haltezeit   20–30 Sek.

Handgelenksbeuger
Hand nach unten schieben
Haltezeit   20–30 Sek.

Nackenmuskulatur
Körper nach hinten bewegen
Haltezeit   20–30 Sek.

Kurzprogramm Dehnung

Anhang

Der Muskelapparat

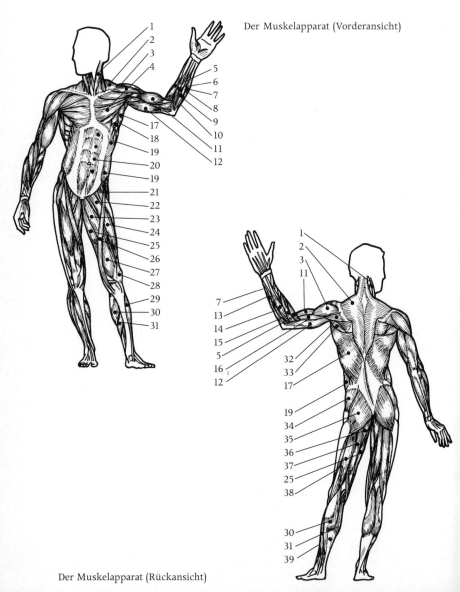

Der Muskelapparat (Vorderansicht)

Der Muskelapparat (Rückansicht)

1	Kopfwender
2	Kapuzenmuskel
3	Dehnmuskel
4	Großer Brustmuskel
5	Oberarmspeichenmuskel
6	Radialer Handbeuger
7	Ulnarer Handbeuger
8	Langer Hohlhandmuskel
9	Fingerbeuger
10	Runder Einwärtsdreher
11	Zweiköpfiger Armmuskel
12	Dreiköpfiger Armmuskel
13	Ulnarer Handstrecker
14	Fingerstrecker
15	Langer radialer Handstrecker
16	Armbeuger
17	Breiter Rückenmuskel
18	Vorderer Sägemuskel
19	Äußerer schräger Bauchmuskel
20	Gerader Bauchmuskel
21	Schenkelbindenspanner
22	Kamm-Muskel
23	Langer Schenkelanzieher
24	Vierköpfiger Schenkelmuskel
25	Schlanker Muskel
26	Schneidermuskel
27	Innerer Schenkelmuskel
28	Kniescheibe
29	Vorderer Schienbeinmuskel
30	Zwillingswadenmuskel
31	Schollenmuskel
32	Untergrätenmuskel
33	Großer Rundmuskel
34	Mittlerer Gesäßmuskel
35	Großer Gesäßmuskel
36	Langer Schenkelanzieher
37	Halbsehnenmuskel
38	Zweiköpfiger Schenkelmuskel
39	Langer Wadenbeinmuskel

(nach Jonath, U., 1986, Zeichnungen: Horst Jonath)

Literaturverzeichnis

Geiger, U. u. Schmid, Caius (1991). *Rehatrain*. Basel: Gym medico

Kempf, H.-D. (1997). *Jetzt sitzen Sie richtig*. Die Rückenschule gegen Schmerzen und Verspannungen. Reinbek

Kempf, H.-D. (1990/1995). *Die Rückenschule*. Reinbek

Kempf, H.-D., Schmelcher, F., Ziegler, C. (1996). *Trainingsbuch Rückenschule*. Reinbek

Kempf, H.-D. (1997). *Trainingsbuch Fitnessball*. Reinbek

Laser: *Lumbale Bandscheibenleiden*, Zuckschwerdt Verlag 1988

Verdonck, A., Franke, J.. *Elastische Trainingsbänder und ihr Dehnungsverhalten*, Zeitschrift Krankengymnastik 6.94, München

Die Autoren

Hans-Dieter Kempf (Bild Mitte), Jahrgang 1960, studierte Physik und Sportwissenschaft an der Universität Karlsruhe. Er ist Lehrbeauftragter, Referent und selbständiger Trainer in den Bereichen Rückenschule, Gesundheitsförderung im Betrieb, in der Schule und im Kindergarten. Er entwickelte 1986 die Karlsruher Rückenschule und ist als Vorstand im Bundesforum Gesunder Rücken verantwortlich für die Ausbildung der Rückenschullehrer. Seine Erfahrungen finden sich in vielen Publikationen wieder. Im Rowohlt Taschenbuch Verlag sind von ihm bereits erschienen: Die Rückenschule (Nr. 9793), Rückenschule für Kinder (Nr. 9338), Die Sitzschule (Nr. 9715).

Frank Schmelcher (links im Bild), Jahrgang 1959, ist als Krankengymnast in einer freien Praxis in Karlsruhe und als Referent bei verschiedenen Verbänden und Institutionen u. a. für die ATP (Association for Tennis Professionals) bei internationalen Tennisturnieren tätig. Neben zahlreichen krankengymnastischen Weiterbildungen verfügt er über eine mehrjährige Weiterbildung im Bereich der Osteopathie.

Christian Ziegler (rechts im Bild), Jahrgang 1961, ist seit 1987 staatl. anerkannter Krankengymnast. Er arbeitet selbständig im Gesundheitszentrum Sportomed in Mannheim und hat sich auf die Nachbehandlung von Sport- und Unfallverletzungen, sowohl im Hochleistungs- wie auch im Breitensport, spezialisiert. Er ist Mitbetreuer der DLV-Nationalmannschaft Sprintstaffel Nachwuchs-Kader, weiblich. Ein weiterer Schwerpunkt seiner Arbeit ist die Lehrtätigkeit zum Thema Sportphysiotherapie sowie Wirbelsäulengymnastik.

Von dem Autorenteam ist im Rowohlt Taschenbuch Verlag bereits erschienen: Trainingsbuch Rückenschule (Nr. 9960)